I0019369

Houssam Eddine Fares
Ismail Ammor

Mise en place d'une plate forme d'intégration continue

Houssam Eddine Fares
Ismail Ammor

Mise en place d'une plate forme d'intégration continue

Éditions universitaires européennes

Impressum / Mentions légales
Bibliografische Information der Deutschen Nationalbibliothek: Die Deutsche Nationalbibliothek verzeichnet diese Publikation in der Deutschen Nationalbibliografie; detaillierte bibliografische Daten sind im Internet über http://dnb.d-nb.de abrufbar. Alle in diesem Buch genannten Marken und Produktnamen unterliegen warenzeichen-, marken- oder patentrechtlichem Schutz bzw. sind Warenzeichen oder eingetragene Warenzeichen der jeweiligen Inhaber. Die Wiedergabe von Marken, Produktnamen, Gebrauchsnamen, Handelsnamen, Warenbezeichnungen u.s.w. in diesem Werk berechtigt auch ohne besondere Kennzeichnung nicht zu der Annahme, dass solche Namen im Sinne der Warenzeichen- und Markenschutzgesetzgebung als frei zu betrachten wären und daher von jedermann benutzt werden dürften.

Information bibliographique publiée par la Deutsche Nationalbibliothek: La Deutsche Nationalbibliothek inscrit cette publication à la Deutsche Nationalbibliografie; des données bibliographiques détaillées sont disponibles sur internet à l'adresse http://dnb.d-nb.de.
Toutes marques et noms de produits mentionnés dans ce livre demeurent sous la protection des marques, des marques déposées et des brevets, et sont des marques ou des marques déposées de leurs détenteurs respectifs. L'utilisation des marques, noms de produits, noms communs, noms commerciaux, descriptions de produits, etc, même sans qu'ils soient mentionnés de façon particulière dans ce livre ne signifie en aucune façon que ces noms peuvent être utilisés sans restriction à l'égard de la législation pour la protection des marques et des marques déposées et pourraient donc être utilisés par quiconque.

Coverbild / Photo de couverture: www.ingimage.com

Verlag / Editeur:
Éditions universitaires européennes
ist ein Imprint der / est une marque déposée de
OmniScriptum GmbH & Co. KG
Heinrich-Böcking-Str. 6-8, 66121 Saarbrücken, Deutschland / Allemagne
Email: info@editions-ue.com

Herstellung: siehe letzte Seite /
Impression: voir la dernière page
ISBN: 978-3-8417-9992-0

Zugl. / Agréé par: Casablanca,Ecole Mohammadia d'ingénieurs,2009

Table des matières :

Liste des figures :

Liste des tableaux :

I- Introduction

L'industrie du logiciel, et particulièrement la production des solutions logicielles est une industrie confrontée à des défis permanents. Parmi ces défis on retrouve d'une part la forte compétitivité des sociétés et d'autre part, la nécessité de répondre à des clients de plus en plus exigeants. De telles contraintes poussent les compagnies à se doter d'un patrimoine technologique solide et flexible, leur permettant de se démarquer et d'offrir un meilleur service aux clients. Sofrecom ne fait pas exception à cette règle. Son statut de leader lui impose une constante veille technologique et stratégique et une revue permanente de son processus de production du logiciel.

Pour qu'un produit logiciel puisse arriver à la phase de livraison en qualité optimale, il faut que son industrialisation soit régie par des règles strictes. Ces dernières sont issues d'un ensemble de bonnes pratiques de développement logiciel à respecter, et permettent de standardiser les processus de fabrication durant le cycle de production.

Vu la complexité croissante des projets actuels, les spécialistes ont opté pour la mise en place d'usines de développement. Ces "usines" permettent de limiter les tâches répétitives pour les développeurs en leur fournissant un système complet d'intégration automatique des différents éléments d'un projet logiciel.

En effet, certains projets de grande taille nécessitent une longue durée et un grand nombre de développeurs. Les processus de compilation et de tests durent par conséquent plus longtemps et sont plus complexes à gérer. La mise en place d'un serveur d'intégration continue améliore nettement la qualité d'exécution d'un tel projet.

Ainsi dans le cadre de la refonte du processus de développement logiciel, Sofrecom a opté pour la mise en œuvre d'un processus d'intégration industrialisé pour les projets de développement logiciel, visant l'optimisation et la qualification des usines de productions. Notre projet de fin d'études s'inscrit dans cette perspective avec la mission de mise en place d'une plateforme d'intégration continue ainsi que le développement d'un projet pilote qui confirmera l'opérabilité de cette dernière.

Le présent rapport est une synthèse du travail réalisé. Il est organisé en quatre chapitres. De ce fait, nous présenterons dans un premier temps l'organisme d'accueil ainsi que le contexte du projet, nous enchaînerons dans le deuxième chapitre avec les concepts clés liés à l'intégration continue pour ensuite présenter l'étude comparative et le choix de la solution. Dans le troisième et dernier chapitre nous présenterons le projet pilote qui servira de preuve d'opérabilité de la plateforme, projet que nous exposerons avec toute la démarche de conception et réalisation. Nous finirons par une conclusion et des perspectives possibles du travail.

II- Contexte général du projet

Ce chapitre présente le contexte, la motivation et les objectifs de notre projet de fin d'études qui consiste en la mise en place d'une plateforme d'intégration continue, et le développement d'un projet pilote avec, au profit de Sofrecom Services Maroc. Il aborde également la planification et le déroulement du stage.

1. Organisme d'accueil

1.1. Sofrecom

a. le groupe Sofrecom

Le Groupe Sofrecom est une multinationale, filiale du groupe Orange. Composé d'une équipe internationale d'experts et de consultants de haut niveau spécialistes en télécommunications, le groupe est leader dans les domaines du Conseil, de l'Ingénierie et des Systèmes d'Information qui intervient à l'international depuis plus de 30 ans. Son siège social se trouve en France et il est implanté dans divers pays du monde, à savoir : le Maroc, l'Argentine, la Pologne, l'Indonésie, l'Afrique du Sud, l'Algérie et le Vietnam.

b. Sofrecom Services Maroc (SSM)

SSM, filiale de production du groupe Sofrecom, est créée depuis le 1er mars 2006. Elle répond aux services suivants :

- o Ingénierie logicielle pour l'éditeur Sofrecom.
- o TMA (Tierce Maintenance Applicative) pour le groupe ORANGE.

SSM est l'un des principaux centres de services de Sofrecom. Elle est conçue et organisée pour offrir un haut niveau de service d'externalisation. Et pour cela elle bénéficie d'une infrastructure technologique de pointe et d'ingénieurs hautement qualifiés.

c. Le Pôle d'Architecture Logicielle (PAL)

Notre stage s'est déroulé au sein de la direction technique, et précisément dans le pôle d'architecture logicielle.
Le pôle d'architecture logicielle (PAL) est une cellule d'architectes et de développeurs au sein de la Business ingénierie et services de Sofrecom.

Ce pôle est à vocation technique et méthodologique. Il est au service des développeurs, architectes et chefs de projets, fournit des conseils à ces derniers et les accompagne à la réalisation de leurs projets.

1.2. Motivation du projet

Dans le cadre de la concurrence entre les sociétés de services informatiques, Sofrecom se doit d'améliorer la qualité de ses produits livrés ainsi que la qualité du processus de production. En effet les tâches de développement manuelles consomment du temps et des ressources et peuvent altérer la qualité visée.

La présente problématique a poussé les responsables au sein de notre organisme d'accueil à penser à uniformiser les procédures de fabrication logicielle à partir de certaines bonnes pratiques de développement. Ceci s'est traduit par la recherche d'une mise en place d'une plateforme d'intégration continue, qui va gérer les processus de développement de tous les projets logiciels de Sofrecom.

La motivation de cette plateforme est l'amélioration de la coordination entre les équipes de développement pour assurer un bon suivi du projet logiciel, ceci se manifestera par une amélioration de la qualité des livrables, leur traçabilité et leur productivité.

Le présent projet a permis de mettre en œuvre cette plateforme d'intégration continue dans une première partie, et de développer un projet pilote comme exemple d'opérabilité, en seconde étape.

La finalité du projet pilote sera discutée dans le chapitre réservé à ce dernier. A rappeler que l'intitulé du projet pilote est « un outil de suivi de satisfaction RH ».

2. Présentation générale du projet

2.1. Objectifs du projet

Le premier volet de notre projet de fin d'études consiste, en la mise en place d'une plateforme d'intégration continue pour tous les projets Sofrecom, afin d'uniformiser les processus de fabrication de ces derniers et optimiser les usines de production.

Cette plateforme devra donc permettre :

- Une gestion uniformisée des projets de développement logiciel, par l'uniformisation des procédures de fabrication de logiciel.

- Une gestion optimisée des équipes de développement, par la favorisation d'un travail communautaire.

- Une gestion de la qualité des projets logiciels, par l'adaptation d'outils et de métriques de qualité au sein de la plateforme.

Le second volet du projet de fin d'études qu'est le projet pilote, intitulé « outil de suivi de satisfaction RH », s'inscrit dans le cadre de l'amélioration de la gestion des ressources humaines. L'entreprise veut se doter d'une telle application pour donner aux managers et aux directeurs une vision partagée sur la motivation des ressources.

Cette application devrait permettre donc de :

- Importer et saisir les informations personnelles concernant les employés par projet et par unité de production.

- Saisir, modifier et supprimer les critères de satisfaction.

- Modifier le niveau de satisfaction de l'employé par critère, en deux vues : élément et responsable d'unité de production.

- Mettre en place un plan d'action par employé.

- Paramétrer les niveaux de satisfaction.

- Paramétrer le poids des critères de satisfaction.

- Paramétrer les seuils de la satisfaction

- Générer une synthèse de la satisfaction des employés

- Visualiser l'avancement de la satisfaction de chaque employé.

Après avoir introduit les objectifs du projet de fin d'études sur ses deux volets, nous présentons par la suite les aspects liés à la conduite de projet, où nous explicitons la démarche et le planning adoptés pendant la période du stage

2.2. Conduite de projet
a. Démarche de travail

Avant la mise en œuvre de cette plateforme, la familiarisation avec le concept d'intégration continue fut primordiale. La première phase a été la prise en main des notions essentielles, afin de mieux appréhender l'intégration continue.

Grâce à des prospections poussées nous avons pu dégager les différents composants d'une plateforme d'intégration continue.

Nous avons procédé ensuite à une étude comparative des différents outils composants de cette plateforme suivant des critères bien choisis. Les outils comparés sont au nombre de 3 et sont en fait les plus populaires.

Chaque outil a été soumis à un système de notations.

Le résultat de l'étude comparative fut transmis aux responsables qui décidèrent des choix de la solution.

Finalement, le résultat d'une telle démarche fut l'adoption d'une plateforme d'intégration continue opérationnelle. L'efficacité et la pertinence du choix fait a été prouvée par le développement d'un Profile of Concept, ou un projet pilote intitulé : « une application de suivi de satisfaction RH ».

Pour cette application pilote, une démarche en Y fut adoptée, organisant par conséquent nos préoccupations en une branche fonctionnelle, une branche technique, et une branche de réalisation. Le choix de cette démarche a été adopté pour assurer les contraintes de développement sous l'intégration continue, à savoir le développement régi par tests, que l'on détaillera dans le chapitre du projet pilote.

b. Planning de travail

A notre entrée à l'organisme d'accueil, nous avons décidé de découper notre période de stage en fonction des tâches dégagées du sujet du projet et des livrables à fournir.

Ainsi, nous avons jugé nécessaire une période de l'étude de l'état d'art qui a consisté en une recherche et une documentation sur les différentes notions de notre projet.

Ensuite nous avons entamé la mission de mise en place d'une plateforme d'intégration continue. La première phase consista en une étude comparative des outils existants, qui a abouti en une seconde phase à un choix justifié de cette plateforme.

Les tâches liées au projet pilote furent l'analyse des besoins, la conception, la réalisation et la correction des anomalies de l'application.

Quant aux attentes académiques, les tâches à retenir furent l'exposé partiel, la pré-soutenance et la rédaction du rapport du projet de fin d'étude. A signaler que cette dernière activité a duré tout au long du projet, au fur et à mesure de l'avancement.

La figure ci-dessous représente le diagramme de Gantt des tâches prévisionnelles avec leurs estimations temporelles :

	❶	Task Name	Duration	Start	Finish	Predecessors
1		Etude et murissement	11 days?	Mon 09/02/09	Mon 23/02/09	
2		Mise en place d'une plateforme IC	14 days?	Tue 24/02/09	Fri 13/03/09	1
3		Analyse des besoins & Etude Fonctionnelle	10 days?	Mon 16/03/09	Fri 27/03/09	2
4		Exposé partiel	2 days?	Thu 26/03/09	Fri 27/03/09	
5		Modélisation UML de l'outil SATIS	12 days?	Mon 30/03/09	Tue 14/04/09	3
6		Développement	33 days?	Wed 15/04/09	Fri 29/05/09	5
7		Tests + correction des anomalies	33 days?	Wed 15/04/09	Fri 29/05/09	5
8		Pré-soutenance	5 days?	Mon 25/05/09	Fri 29/05/09	
9		Rédaction du rapport du PFE	80 days?	Mon 09/02/09	Fri 29/05/09	

Figure 1: Diagramme de Gantt du projet

9

1	Etude & Murissement
2	Mise en place d'une plateforme d'intégration continue
3	Analyse des besoins & Etude Fonctionnelle
4	Exposé Partiel
5	Modélisation UML de l'outil SATIS
6	Développement
7	Tests & Correction des anomalies
8	Pré-soutenance
9	Rédaction du rapport de PFE

Tableau 1: Légende des tâches du PFE

III- L'intégration continue

Dans ce chapitre nous allons clarifier les notions liées à l'intégration continue. Ensuite nous allons présenter les solutions existantes sur le marché pour ensuite choisir la plateforme la mieux adaptée aux besoins de l'entreprise, dans le cadre d'une étude comparative régie par des critères bien spécifiés. Nous finirons par présenter la mise en œuvre de la solution choisie.

1. Motivation

Les équipes projet de Sofrecom étant souvent confrontées à des tâches de développement manuelles, les responsables au sein de l'entreprise ont été amenés à chercher comment diminuer l'impact des anomalies résultantes ainsi qu'optimiser la charge temporelle et en ressources humaines. La réflexion s'orienta vers l'uniformisation des procédures de fabrication logicielle à partir de certaines bonnes pratiques de développement. Ceci s'est traduit concrètement par la volonté de mise en place d'une plateforme d'intégration continue, qui va gérer les processus de développement dans tous les projets logiciels de l'entreprise.

La raison d'être de cette plateforme est de pousser la coordination entre les équipes de développement pour assurer un bon suivi du projet logiciel , et d'amélioration la qualité des livrables, leur traçabilité et leur productivité.

2. Objectifs

La plateforme d'intégration continue prendra en charge tous les projets Sofrecom. Elle devait donc permettre :

- Une gestion uniformisée des projets de développement logiciel :

La plateforme renseigne sur l'état d'avancement du projet logiciel, permettant un contrôle de qualité à chaque phase de développement, depuis le codage à la compilation et l'exécution de tests. De plus, les procédures les plus laborieuses comme la compilation ou encore le déploiement, sont gérées par cette plateforme.

- Une gestion optimisée des équipes de développement :

La plateforme permet de gérer un travail en équipe et de pousser la coordination entre ses éléments. Elle reçoit les modifications de la part des équipes de développeurs et se charge de les intégrer dans le projet logiciel. De plus, l'historisation des modifications et des déploiements permettent de garder une traçabilité régulière communiquée aux acteurs du projet.

- Une gestion de la qualité des projets logiciels :

Ceci est permis via le support des outils de contrôle et de suivi d'indicateurs de qualité logiciel (taux de couverture de code par les tests, respect des règles de codage et de nommage, recherche de duplication de code ...)

11

3. Théories sur l'intégration continue

3.1. Contexte

L'intégration continue [S1] est une pratique de développement logiciel où les membres d'une équipe intègrent souvent leur travail au sein d'un même projet. Habituellement, chaque personne intègre au moins une fois par jour son travail, et chaque intégration est vérifiée par une construction automatisée de la nouvelle application modifiée (y compris les tests) afin de détecter les erreurs d'intégration le plus rapidement possible.

De nombreuses équipes ont constaté que cette approche conduit à une diminution des problèmes liés à l'intégration, et donc à une économie de temps et de moyens. Elle permet également aux équipes de développer des logiciels cohérents plus rapidement.

Cette pratique s'inscrit dans le cadre des pratiques agiles, qui est une approche du développement itératif, évolutif et adaptatif, dans laquelle les équipes sont caractérisées d'agiles et « elles font un peu de tout et tout le temps » (exigences, conception, code, test).Les activités sont régis par les principes des pratiques agiles tels que fabriquer souvent, tester souvent et intégrer souvent.

La figure ci –dessous montre comment l'intégration continue s'inscrit dans la perspective des pratiques agiles

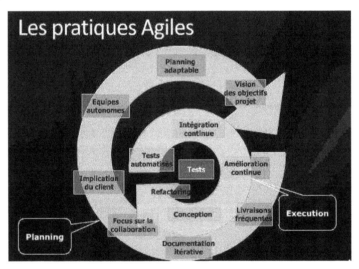

Figure 2: l'intégration continue parmi les pratiques agiles

Le schéma suivant montre que l'intégration continue est parmi les pratiques les plus utilisées dans un contexte d'un cycle de développement itératif, où à chaque modification ou amélioration du code source, il est primordial de s'assurer que les modifications ne produisent pas de régression de l'application en cours de développement.

Le contexte de l'intégration continue étant explicité, le prochain paragraphe consistera à définir quelques terminologies liées au concept de l'intégration continue.

3.2. Définitions

- **Build :** Le build est une version construite d'un projet logiciel. Les outils de build sont des outils de construction, qui permettent d'automatiser les opérations de génération d'un programme, en gérant les dépendances entre composants. Depuis make d'Unix, jusqu'à Ant, et plus récemment, Apache Maven. (Voir les annexes).

- **SCM :** SCM (Source Control Manager) ou les gestionnaires de versions de projet sont des outils de gestion des sources tels que CVS ou SVN (voir annexes) qui sont le fondement de tout développement communautaire. Ils permettent de gérer les ajouts simultanés de centaines de développeurs, en identifiant précisément chaque modification, son auteur, sa date et sa finalité, et permettent de revenir sur une modification. L'usage de ces outils s'est aujourd'hui généralisé, mais les grands projets open source ne seraient tout simplement pas possibles autrement.

- **Bugs :** Ce sont des anomalies ou des défaillances détectées au courant de la production logicielle. Il existe des outils pour le suivi des demandes et des bugs en particulier le célèbre Mantis, ou encore Bugzilla. Ces outils sont moins sophistiqués et simples d'utilisation, néanmoins, leur importance est jugée capitale au sein d'un développement en équipe, comme dans le cadre de l'intégration continue.

- **Notification :** C'est une formalité par la quelle on donne connaissance de l'état de build aux membres de l'équipe de développement essentiellement grâce à des outils d'échanges communautaires (Mailing-lists automatique, Messagerie instantanée,..).

- **Commit :** Un commit est un envoi d'une modification de code source. A tout moment, les développeurs peuvent mettre à jour le code source trouvé dans le dépôt de données du gestionnaire SCM.

3.3.   *Composition d'une plateforme d'intégration continue*

Une plateforme d'intégration continue doit comporter obligatoirement quelques éléments essentiels pour son fonctionnement, à savoir :

- **Un gestionnaire d'intégration continue :**

C'est le Serveur d'Intégration Continue qui va gérer la plateforme et qui va communiquer avec les autres composants. C'est le cœur de la plateforme.

- **Un gestionnaire SCM :** (Source Control Manager) ou gestionnaire de versions de projet

Essentiellement conçu pour le travail en équipe, cet outil permettra de gérer les versions du code source avec leurs modifications, et de revenir à une version antérieure en cas d'erreur. Il sert également à gérer les différentes demandes de modification en même temps, ce qui permet d'éviter les conflits de versions.

- **Un outil de build :** pour générer l'application

Un build est une version construite d'un projet logiciel. L'outil de construction d'application (de build) vient pour générer automatiquement des projets logiciels, destinés à être testés ou déployés par la suite.

- **Un outil de test :**

Cet outil de test vient pour vérifier la fiabilité du package généré par l'outil de construction ou de build. Il teste le code et génère des rapports qui seront visibles à partir de l'interface du serveur d'intégration continue.

- **Un conteneur de servlets :**(Pour le cas d'un serveur d'intégration J2EE)

Ce dernier héberge le serveur d'intégration continue. Nous avons choisis dans notre cas Tomcat Server pour sa simplicité et sa popularité.

Après avoir eu une idée sur les notions relatives à l'intégration continue, et la composition d'une plateforme pareille, nous sommes en mesure de mieux appréhender le processus d'intégration continue, dont nous expliciterons les taches et le fonctionnement dans le chapitre qui suit.

3.4. Processus d'intégration continue :

L'intégration continue est un processus d'automatisation de tâches récurrentes liées à l'environnement de développement. Les plus connues sont :

- construction ("build") de l'application à partir des données contenues dans un dépôt de données (repository) du gestionnaire SCM. Cela comprend la compilation des sources et la construction des releases.

- déploiement de l'application sur l'environnement de développement (copie des librairies, configuration et redémarrage)

- exécution des tests unitaires et d'intégration

- génération de rapports de tests (Javadoc , rapports Maven...)

- notification des utilisateurs concernés.

En effet, l'intégration continue vient pour ne pas construire une application à chaque changement, mais plutôt d'intégrer les changements en continu. Ainsi et pour mieux appréhender le processus de l'intégration continue, nous traiterons dans le paragraphe suivant le fonctionnement de cette dernière. Le schéma ci – dessous est expliqué afin de donner une idée sur le processus d'intégration continue :

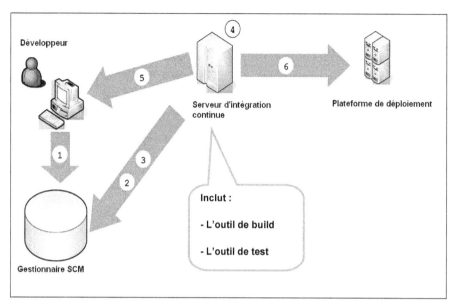

Figure 3: Fonctionnement d'une plateforme d'intégration continue

Comme le montre la présente figure, le processus d'intégration continue s'échelonne sur plusieurs étapes :

1/ D'abord Les développeurs font du codage sur leurs machines. Ensuite ils postent leurs modifications du code source qui seront prises en charge par le gestionnaire de versions (SCM).

Ce dernier met a jour régulièrement la version du projet qu'il a dans son dépôt de données (appelé repository). De ce fait, dès qu'une modification est envoyée, la version de l'application est mise à jour chez les autres développeurs qui la consultent.

2 - 3/ La prochaine étape est que le serveur d'intégration continue détecte les changements dans le gestionnaire SCM et met à jour la version du projet qu'il détient.

4/ Après ceci il donne l'ordre d'exécution de la construction qu'il délègue à l'outil de build ou de construction. Le code à récupérer se trouve dans le dépôt du gestionnaire SCM.

Après compilation du code source, l'outil de test exécute ces tests et génère les rapports correspondants, que le serveur d'intégration continue se charge de présenter d'une façon claire et conviviale.

5/ Le serveur d'intégration continue inclut aussi la notification des personnes concernées, suivant que la construction (build) a abouti à un succès ou un échec.

6/Après la phase de notification, le serveur d'intégration continue se charge de déployer l'application construite dans une plateforme de déploiement.

D'une façon globale, cette approche d'intégration continue se démarque par un le cycle itératif de fonctionnement, qui est décrit par le schéma suivant :

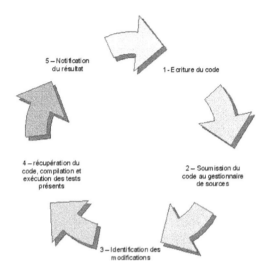

Figure 4: Cycle de vie de l'intégration continue

Après avoir revu les concepts clés de l'intégration continue, nous abordons dans le chapitre suivant l'étude comparative que l'on a mené sur les différents composants d'une plateforme d'intégration continue, afin de pouvoir ressortir avec un choix orienté par les critères de sélection. Nous présenterons d'abord les critères et les contraintes sur ces critères. Ensuite nous enchaînerons avec les outils comparés. Nous présenterons finalement un système de notations qui nous a permis en final de faire un choix de la solution que l'on va mettre en œuvre.

IV- Etude comparative et Mise en œuvre d'une plateforme IC

Nous explicitons d'abord les critères choisis sur lesquels s'est basée notre étude comparative. Nous enchaînons avec la présentation des outils comparés, pour les soumettre ensuite à un système de notations. Le résultat de cette étude comparative fut transmis aux responsables qui ont décidé de la solution mise en œuvre.

1. Critères de sélection :

Avant de présenter les différents critères, nous signalons que certains de ces derniers ont été dictés par l'entreprise, pour être conforme à sa stratégie générale. Ainsi, le cadre de l'étude comparative s'est placé dans la recherche de solutions Open Source, et plus particulièrement la gestion des projets d'applications sur les projets J2EE.

Les différents critères adoptés pour notre étude comparative sont :

<u>Licence</u> :

- **Open source** : Le cadre de l'étude est de rechercher des solutions non propriétaires. Ce critère a été orienté par l'entreprise.

- **Gratuité :** Les outils que l'on recherche devraient être non propriétaires et gratuites, permettant ainsi l'économie des ressources utilisées. Ceci rentre dans la stratégie de développement de notre organisme d'accueil.

<u>Outils supportés : (voir annexe 2)</u>

- **Outils de gestion de version (SCM) connus et fiabilisés :** pour gérer les modifications et la mise à jour du projet en temps réel pour tous les clients SCM. nous devions opter pour des outils qui ont fait leurs preuves et qui disposent d'une communauté d'utilisateurs.

- **Outils de build supportés :** Nous devions porter une importance particulière à l'aspect génération de fichiers en plus du support des différents outils de génération de projets.

- **Outils de tests supportés :** Ces outils devaient vérifier les projets logiciels construits à travers les tests unitaires

<u>Exécution</u>

- **Langage d'implémentation :** La concordance du langage d'implémentation avec les langages maîtrisés par les utilisateurs permettrait une meilleure prise en main de l'outil notamment l'apport de modification à son fonctionnement par le biais de scripts.

- **Dépendances additionnelles :** Nous devions minimiser les pré-requis des serveurs d'intégration continue à comparer, afin de limiter le nombre de briques logicielles à mettre en place pour le serveur IC.

- **Plateforme d'exécution :** Une machine virtuelle Java serait souhaitable du fait que les orientations des projets logiciels au sein de l'entreprise portent majoritairement sur J2EE.

- **Interface Web :** Ce critère juge la convivialité de l'interface de gestion, sa facilité d'utilisation et d'administration, suivant que celle-ci est en ligne de commande, ou bien est complètement graphique.

Configuration :

- **Configuration automatique depuis le script du build :** Ce critère mesure l'implication du développeur dans la génération du projet, et en particulier sa configuration. On a remarqué que l'outil Maven permet une configuration automatique du build, sans toucher au script.

- **Fichier Texte de configuration :** pour mieux structurer le projet application, un fichier texte de configuration fut jugé souhaitable. Il permettrait de gérer les dépendances. Ce point fut pris en compte dans notre sélection. Le type de ce fichier de configuration est aussi important, à savoir s'il est stocké dans une base de données, ou est simplement d'extension TXT ou préférablement XML.

Extensibilité :

- **Plugins supportés :** Ceci permet de donner une idée sur l'extensibilité de l'activité du serveur IC. Ce critère donne aussi une visibilité sur l'enrichissement du fonctionnement de ce serveur par les différentes métriques de mesure d'activité, à savoir les rapports de test, les notifications ou encore la fusion avec d'autres composants.

Une fois les critères spécifiés, nous abordons par la suite les différents outils comparés de chaque catégorie de composants, à savoir le serveur d'intégration continue, l'outil de build, l'outil de test et l'outil de gestion de versions (SCM).

2. Comparaison des outils:

La comparaison s'est basée sur un nombre de critères détaillés ci-dessus, afin d'aboutir à un tableau comparatif et ensuite à un système de notations qui va attribuer un nombre de points pour chaque outil.

Suivant les catégories de composants, et après une étude bibliographique détaillée [S2] des solutions existantes, nous avons opté pour les 3 outils les plus populaires et les plus utilisés de chaque catégorie, toujours en respectant les contraintes de choix de l'entreprise discutées dans la partie contexte du projet.

Ainsi le tableau qui regroupe le nom des outils à comparer est le suivant :

Catégorie de composants	Choix 1	Choix 2	Choix 3
Serveurs IC	Hudson	Continuum	CruiseControl
Outils de build	Maven	Ant	Make
Outils SCM	CVS	Subversion	-
Outils de test	JUnit	Selenium	Cobertura

Tableau 2: Présentation des outils comparés

Les détails concernant chaque outil à part, sont disponibles en annexe (voir annexe 2).

18

3. Tableau récapitulatif & système de notations :

Le tableau comparatif comporte les critères en lignes et les outils d'intégration continue en colonnes, et synthétise l'ensemble de l'étude bibliographique sur les éléments comparés selon les critères définis ci-dessus.

Quant au système de notation, ce dernier est basé sur une appréciation sur chaque critère de comparaison.

L'ensemble des appréciations est :

- Très bien (****)

- Bien (***)

- Moyen (**)

- Faible (*)

Une note finale d'appréciation est attribuée à chaque outil d'intégration continue des 3 à comparer.

3.1. Tableau récapitulatif des critères

Critère		Continuum	CruiseControl	Hudson
Open source		Oui	oui	oui
Langage d'implémentation		Java	java	java
Gratuit		Oui	oui	oui
Outils SCM (gestion de version)		CVS Subversion	CVS Subversion	CVS Subversion
Outils de gestion de build (Constucteurs de release)		Ant Make Maven	Ant Maven	Ant Maven
Outis de tests		Prochainement Junit	Junit	Junit Cobertura en plugin
Interface web		Graphique non conviviale	Graphique conviviale	Graphique conviviale
Windows Installer		Prochainement	oui	oui
Dépendances additionnelles		JRE SCM Client	JRE SCM Client	JRE
Plateforme d'exécution		JVM	JVM	JVM
Configuration automatique depuis le script de build		Seulement avec Maven	Non	Seulement avec Maven
Fichier texte de config		Non	XML	XML
Plugins supportés	PMD	non	NC	oui
	Checkstyle	NC	NC	oui
	Cobertura	non	NC	oui
	JIRA	non	non	oui
	TRAC	non	non	oui
	Bugzilla	non	non	oui

3.2. Système de notations

Critère	Continuum	CruiseControl	Hudson
Open source	***	***	***
Langage d'implémentation	***	***	***
Gratuit	***	***	***
Outils SCM (gestion de version)	***	***	***
Outils de gestion de build (Constucteurs de release)	****	***	***
Outis de tests	**	***	****
Interface Web	**	***	***
Windows installer	**	***	***
Dépendances additionnelles	***	***	****
Plateforme d'exécution	***	***	***
Configuration automatique depuis le script de build	**	*	**
Fichier texte de config	*	***	***
Plugins supportés	**	*	****
TOTAL	33	35	41

Conclusion : Hudson est classé en premier avec 41 points, CruiseControl en second avec 35 points et Continuum en dernière place avec 33 points. L'étude comparative a abouti à l'adoption de la solution Hudson comme serveur IC.

4. Choix de la solution

L'étude comparative a aboutit au choix des composants suivants, qui ont été validés par les responsables. Ces outils sont synthétisés dans le tableau ci-dessous :

Fonction du composant	Outil choisi	Version
Serveur IC	Hudson	1.282
Outils de build	Maven	2
Conteneur de servlets	Tomcat	5.5.27
Outil SCM	Subversion(SVN)	1.5.1
Outil de test	Junit	Intégré avec Hudson

Tableau 3: choix des composants a plateforme IC

5. Mise en œuvre de la plateforme

5.1. Plateforme Hudson

Flexible d'installation et d'utilisation, Hudson [S3] a été installé et déployé au sein du conteneur des servlets TOMCAT. Quant à son interface, elle est complètement graphique et très conviviale.

Son efficacité le rend un outil très en vogue maintenant. En effet, il détecte les principaux outils de build automatiquement une fois introduits dans l'environnement. Ce fut le cas pour MAVEN 2 que l'on a adopté pour la construction des applications.

La détection automatique englobe plusieurs gestionnaires de versions (SCM). Pour notre étude le gestionnaire choisi, à savoir Subversion, est également supporté par notre serveur Hudson.

La configuration se fait depuis l'interface de gestion de Hudson. En fait, une fois les répertoires d'installation des outils à détecter sont déclarés, le serveur Hudson se charge du reste. [S4]

Finalement, nous avons constaté que l'outil de tests unitaires JUnit que l'on a adopté est intégré dans l'installation de Hudson.

Une fois la mise en œuvre de base a été effectuée, nous avons pensé à étendre ses fonctionnalités, que ce soit d'autres outils de test, ou la liaison avec d'autres composants externes ou l'amélioration de la sécurité de cette plateforme.

Ces étendues seront effectuées grâce aux plugins Hudson qui permettent une extensibilité remarquable de l'activité de la plateforme. Le paragraphe suivant aborde l'enrichissement de la plateforme via ces plugins.

5.2. Plugins Hudson [S5]

Il existe une liste de plugins qui permettent d'étendre l'activité de notre serveur IC Hudson. C'est dans ce cadre que nous avons choisis quelques uns compatibles avec notre outil de build (MAVEN 2) et qui permettent d'ajouter des fonctionnalités de notification, de documentation, et de tests de l'application développée.

Leur installation se fait depuis l'interface de gestion de Hudson. Ce dernier se charge de les télécharger, les installer et mettre à jour sa version.

Nous présentons les plugins que l'on a ajoutés, selon deux catégories .La première traitera ceux relatifs à la qualité de code. La seconde abordera ceux relatifs à l'aide à la gestion du projet.

a. Qualité de code

Dans un souci de bonne maîtrise de la qualité des applications livrables, nous avons opté pour des plugins de détection de bugs et warnings, l'analyse des dépendances entre les classes du projet et le taux de couverture du code, garantissant un seuil minimal pour que l'application soit qualifiée de stable.

La présente figure représente les plugins que l'on a choisis, et que l'on va présenter brièvement :

Figure 5: Plugins Hudson intégrés à la plateforme

- **Checkstyle** est un Analyseur de code statique très performant .Il affiche les détails sur les warnings, leurs emplacements et leur degré de priorité .

- **PMD** est un Analyseur statique de code source. Il donne une analyse sur les warnings mais il est moins détaillé que Checkstyle.

- **Findbugs** est un outil visuel qui permet de localiser directement les bugs sur les fichiers java en les affichant. Il surligne les warnings concernés   et les accompagne d'une brève explication et une éventuelle solution

- **DRY** est un analyseur de duplication de code. Il permet de détecter les blocs de codes dupliqués dans les fichiers source du projet.

- **Dependency Analyzer** est Analyseur de dépendances entre les classes Java du projet construit.

- **Cobertura** est un outil de calcul de Taux de couverture du code, c'est-à-dire le nombre de lignes effectivement testées, par package et par fichier. Il permet de compléter le rôle de JUNit et donne idée sur la fiabilité des tests unitaires.

Ces plugins ont permis d'avoir une idée plus étendue sur la fiabilité et la qualité des projets logiciels construits avec cette plateforme. Nous verrons par la suite certains plugins qui permettent de mener à bien la gestion d'équipe de projet au sein de la plateforme d'intégration continue

b. Gestion des projets

La notification des responsables de projets sur les états des builds défaillants est prévue. Hudson se charge d'informer sur l'état des builds par email, RSS ou IM. Ceci permet une visibilité sur le projet et permet au responsable de mieux gérer les builds de l'application.

D'autre part, et dans un souci d'une meilleure interactivité des développeurs d'applications, nous avons introduit un nouveau plugin qui a pour vocation   la Motivation et la compétitivité de l'équipe des développeurs. Ce plugin se nomme **Continuous Integration Game Plugin.** Il accorde des points pour les utilisateurs qui changent le statut d'un build d'échoué vers réussi. On peut également consulter le classement des utilisateurs dans le tableau de bord accessible depuis l'accueil.

Nous avons essayé d'étendre l'activité de la plateforme via ces plugins Hudson. Le prochain paragraphe traite des extensions en matière de serveurs externes.

5.3. Serveurs tiers

Nous avons essayé d'étendre la plateforme via des connexions à d'autres serveurs qui seront d'appui pour celle-ci. Ainsi, nous avons pensé à lier la plateforme avec un serveur SMTP pour l'envoi des mails de notifications. Nous avons également connecté cette plateforme avec un gestionnaire de suivi de bugs, qui dépasse la partie de la notification à la partie du traitement et du suivi des bugs signalés par la plateforme d'intégration continue. La contrainte de choix a été d'utiliser un serveur déjà adopté par l'organisme d'accueil qui se nomme MANTIS.

a. Serveur SMTP :

Il permet l'envoi des emails aux développeurs les informant des statuts des builds qu'ils ont effectués. Sa configuration est faite toujours depuis l'interface de gestion graphique de Hudson

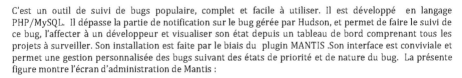

Figure 6: Notification par e-mail dans Hudson

Le choix du second serveur à connecter a été orienté par les responsables .il s'agit d'un gestionnaire de bugs déjà adopté par l'entreprise, nommé MANTIS. Notre tâche a été de l'intégrer dans la nouvelle approche de l'intégration continue.

b. Serveur de Suivi de bugs : Mantis_

C'est un outil de suivi de bugs populaire, complet et facile à utiliser. Il est développé en langage PHP/MySQL. Il dépasse la partie de notification sur le bug gérée par Hudson, et permet de faire le suivi de ce bug, l'affecter à un développeur et visualiser son état depuis un tableau de bord comprenant tous les projets à surveiller. Son installation est faite par le biais du plugin MANTIS .Son interface est conviviale et permet une gestion personnalisée des bugs suivant des états de priorité et de nature du bug. La présente figure montre l'écran d'administration de Mantis :

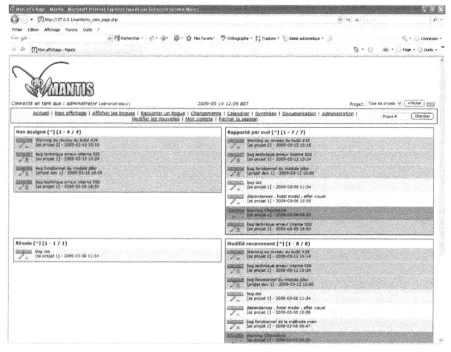

Figure 7: Ecran d'administrateur du gestionnaire de bugs MANTIS

5.4. Sécurité

Nous nous sommes intéressés à la sécurisation de Hudson par une matrice de sécurité (authentifiant et mot de passe) et également par l'attribution des droits sur les builds (ajout, modification, suppression...). La présente figure montre une capture d'écran de cette matrice, où les droits sur les builds, la consultation et l'administration sont gérés par catégories d'utilisateurs, permettant ainsi la flexibilité de l'attribution de ces droits.

○ Sécurité basée sur une matrice

Utilisateur/groupe	Global				Job			Lancer		Voir			Gestion de version
	Administer	Read	Create	Delete	Configure	Build	Delete	Update	Create	Delete	Configure	Tag
Anonyme	☐	☐	☐	☐	☐	☐	☐	☐	☐	☐	☐	☐
Projet Manager	☐	☑	☑	☑	☑	☑	☑	☑	☑	☑	☑	☑
Developer	☐	☑	☐	☐	☐	☑	☑	☑	☐	☐	☐	☐

Utilisateur/groupe à ajouter: [_____] Ajouter

Figure 8: Matrice de sécurité de Hudson

6. Synthèse de l'étude

La plateforme d'intégration continue est un assemblage d'outils qui sert à gérer les phases de la construction de projets logiciels en équipe, d'une façon industrialisée.

Dans ce chapitre, nous avons vu les différents composants d'une plateforme d'intégration continue comme le serveur IC, l'outil de gestion de version, l'outil de build et l'outil de test. Nous avons choisi à travers l'étude comparative effectuée notre plateforme suivant les critères cités dessus. Cette plateforme a été complétée par quelques ajouts de notre part par des plugins d'extensibilité et des liaisons à d'autres serveurs.

En plus de l'étude de l'état d'art qui a permis de dégager des critères de choix pertinents pour les décideurs de l'entreprise, l'apport personnel de l'étude comparative a été d'organiser et analyser les éléments comparés en fonction des besoins et des orientations de l'entreprise, La mise en œuvre de la solution choisie fut la dernière phase du premier volet de notre projet.

Le deuxième volet a porté sur la confirmation de la démarche et du choix par le développement et l'intégration continue d'une application pilote.

V- Développement du projet pilote : l'outil SATIS

Cette partie traite le second volet de notre projet de fin d'études, qui a concrétisé l'opérabilité de la plateforme d'intégration continue abordée dans la première partie.

L'outil SATIS est une application de suivi de satisfaction des employés. C'est une application développée au profit du Département des Ressources Humaines de Sofrecom Services Maroc.

L'objectif principal de cette application pilote est de présenter un prototype d'applications développées sous la plateforme d'intégration continue mise en œuvre. Les objectifs fonctionnels, quant à eux, seront explicités dans le chapitre qui traitera la branche fonctionnelle de l'application. Quant au paragraphe suivant, il abordera les objectifs, les contraintes de l'application sous l'intégration continue et la démarche suivie pour le développement d'une telle application.

1. Contexte du projet pilote SATIS

1.1. Motivation

A l'instar de ses concurrents, notre organisme d'accueil se soucie du bien être de ses employés et de leur motivation. Il décide ainsi de mettre en place un processus de gestion et de suivi de la satisfaction des employés.

Actuellement, ce processus est outillé par des fichiers Excel. Ce qui implique une exploitation lourde et fastidieuse des données et ne permet pas une grande visibilité sur l'évolution de la satisfaction des employés. De ce fait, l'étude de l'existant a relevé les observations suivantes :

* Gestion de la satisfaction inexistante.

* Gestion des démissions incomplète, du point de vue la description des motifs de départ.

* Mauvaise visibilité sur la synthèse de l'état actuel des employés.

* Exploitation lourde des données de satisfaction.

* ...

Pour palier à cette insuffisance, l'entreprise veut se doter d'un outil lui permettant une gestion optimale de ses collaborateurs en produisant des vues synthétiques et globales ainsi que des graphiques illustrant l'évolution temporelle de leur satisfaction. De ce fait, nous aborderons dans le paragraphe suivant ces objectifs qui sont explicités dans le cahier de charges.

1.2. Objectif

L'objectif principal de cette application est de concrétiser l'opérabilité de la plateforme d'intégration continue mise en œuvre. Concrètement, le projet pilote sera une référence du développement régi par les bonnes pratiques de l'intégration continue.

L'application quant à elle, doit d'abord répondre aux besoins fonctionnels existants, et puis les étendre en incluant de nouvelles fonctionnalités. Ainsi, le cahier de charges a spécifié que l'application pilote devrait permettre de :

- Importer et saisir les informations personnelles concernant les employés par projet et par unité de production

- Saisir, modifier et supprimer les critères de satisfaction

- Modifier le niveau de satisfaction de l'employé par critère, en deux vues : élément et responsable d'unité de production.

- Mettre en place un plan d'action par employé.

- Paramétrer les niveaux de satisfaction.

- Paramétrer le poids des critères de satisfaction.

- Paramétrer les seuils de la satisfaction.

- Générer une synthèse de la satisfaction des employés.

- Visualiser l'avancement de la satisfaction de chaque employé.

Le prochain paragraphe présentera les différentes contraintes rencontrées au cours de la mise en œuvre de cette application sous l'intégration continue.

1.3. Contraintes

Les contraintes de développement de l'application pilote sous l'intégration continue nous ont poussé à choisir une démarche de développement qui respecte cette perspective. Ainsi, nous avons procédé au codage régi par les tests, en respectant la démarche Test Driven Development (TDD).Nous détaillerons cette démarche par la suite dans la branche technique du projet.

Une autre contrainte consiste en un besoin de présenter des livrables en petites parties dans un temps relativement réduit, pour procéder à leurs tests. Les tâches de développement et de test seront alors menées en parallèle.

La contrainte suivante fut d'intégrer les changements à chaque fois, ce qui peut agir sur le planning prévisionnel en cas de bug bloquant. Nous avons essayé de remédier à ceci via des changements progressifs et gradués dans le code source conformément à la philosophie d'intégration continue afin d'éviter la refonte de ce dernier.

La dernière contrainte est que la périodicité du cycle d'intégration continue qui passe par codage, test puis intégration, se doit d'être fréquente, et ce pour une meilleure qualité du livrable final.

Nous abordons dans le chapitre suivant la démarche que l'on a adopté ainsi qu'une planification plus détaillée à propos des tâches de ce volet.

2. Démarche & planification

La démarche classique de développement d'applications (cycle en cascade) ne fut pas adoptée dans notre projet. Nous avons essayé de mettre en œuvre l'outil de satisfaction à travers une stratégie de développement basée sur les tests unitaires, dans le cadre d'une continuité de la philosophie de l'intégration continue. Ce choix est justifié par le fait que l'application est un « Profile of Concept » qui concrétise un exemple de projet de la plateforme d'intégration continue mise en œuvre dans la première partie de notre stage. La démarche méthodologique adoptée pour la réalisation de SATIS est la méthode de développement 2TUP (Two Tracks Unified Process ou cycle en Y) qui permet d'optimiser :

- La compréhension des besoins utilisateurs,

- La communication entre les différents acteurs du projet,

- L'implication du client dans le processus de développement,

- La réactivité aux changements et la qualité des livrables.

Notre choix de cette méthode a été basé sur une continuité des fondements de l'intégration continue, basée sur la réactivité des changements, la qualité des livrables et l'implication de du client.

Le processus Y repose sur 5 principes fondamentaux:

- Séparer les aspects techniques des aspects fonctionnels.

- Travailler selon 2 points de vue qui se complètent et s'enrichissent selon la vue entreprise et la vue application.

- Modéliser l'activité de l'entreprise et des applications aux moyens d'objets UML.

- Faire des maquettes et des prototypes pour affiner les besoins fonctionnels et les aspects techniques.

- Effectuer la réingénierie des applications dans le sens de la réutilisabilité.

2TUP se structure autour d'un cycle de développement en Y qui s'articule en 3 phases :

- Branche fonctionnelle.

- Branche technique.

- Branche de réalisation.

La figure ci-dessous précise les différentes étapes du déroulement du projet en fonction du processus Y et illustre, ainsi l'approche adoptée pour le traitement de notre sujet:

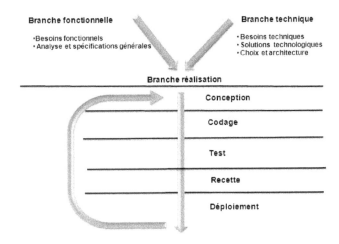

Figure 9:Cycle de vie du projet SATIS

Les tâches dégagées à partir de ce modèle sont l'analyse des besoins fonctionnels et techniques, qui se sont étalés sur deux semaines pour une analyse approfondie et une appréhension maîtrisée des fonctionnalités de l'outil. Nous avons enchaîné ensuite avec la modélisation de ces besoins fonctionnels sous les choix et contraintes techniques. Nous avons également affecté à cette tâche 2 semaines. La phase de réalisation fut soumise aux contraintes de développement sous l'intégration continue, ainsi nous avons effectué en parallèle les taches de développement et de test, cette phase s'est étalée sur le reste de la période de stage.

Après avoir abordé les sous tâches de ce volet du stage et leur planification, nous nous intéressons dans le paragraphe suivant à la première phase du développement de ce projet pilote, à savoir sa branche fonctionnelle.

3. Branche fonctionnelle :

Dans cette branche nous aborderons d'abord le contexte fonctionnel de l'application pilote, ensuite nous enchaînerons avec la description de ses besoins, pour une formalisation de ces besoins via des diagrammes de cas d'utilisation

3.1. Contexte fonctionnel

Le contexte fonctionnel comporte une brève vue sur le périmètre de l'application, les acteurs impliqués et une cartographie fonctionnelle qui donne une idée générale sur les modules de l'application exprimés sous la forme d'une vue en packages.

a. Périmètre fonctionnel :

Le périmètre fonctionnel vient pour expliciter les requis de l'outil à développer. L'application doit assurer donc un certain nombre de fonctionnalités, à savoir :

- La gestion des employés : saisie de leurs données personnelles et leurs attachements aux unités de production et aux projets.

- La mesure de la satisfaction, suivant 2 vues : une vue employé et une vue responsable.

- L'évaluation de note de satisfaction à partir d'un certain nombre de critères, d'où une gestion de ces critères.

- L'établissement de règles d'interprétation de la note de satisfaction. Ceci dit, il faut déterminer des seuils auxquels sera associée l'interprétation de la satisfaction

- L'établissement d'un plan d'action par employé, en conséquent de l'interprétation de la note de satisfaction. L'application permettra la gestion des plans d'action par employé.

- La synthèse des résultats de satisfaction, à travers des matrices et des graphiques, qui déterminent l'évolution globale de la satisfaction au cours du temps.

b. Acteurs :

Les acteurs qui agiront au sein de notre application seront regroupés dans le tableau suivant :

Acteur	Type	Description de son rôle
Responsable *	Humain	Acteur principal
Employé	Humain	Acteur principal

(*) On spécifiera qu'un responsable peut être un directeur, un responsable d'Unité de production (UP) ou un responsable ressources Humaines (RH).

Les interactions des acteurs avec le système sont regroupées dans des modules issus de la classification des fonctionnalités prescrites dans le cahier de charges de l'application.

c. Cartographie fonctionnelle :

Les fonctionnalités requises de l'application sont classifiées en quatre grands axes. Nous dégageons une gestion de la satisfaction, une gestion des employés, une gestion des départs et une gestion des critères de satisfaction qui comptera pour un module de paramétrage.

La figure suivante représente une vision globale et synthétique de l'interaction des acteurs avec notre système en terme de packages.

31

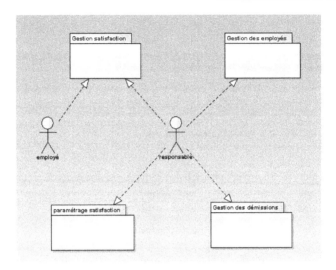

Figure 10: vue de l'application en Packages

Après avoir présenté le contexte fonctionnel de l'application, nous passons à la description des besoins. Nous abordons l'analyse de la notion de la satisfaction, sa modélisation au sein de notre application, sa mesure et finalement son interprétation.

3.2. Description des besoins
a. Notion de satisfaction

La notion « satisfaction » porte sur un ensemble de critères ; et chacun de ces critères possède un poids proportionnel à son importance, et lui est associé un niveau de satisfaction.

Une fois tous les critères de la satisfaction de l'employé mesurés, on peut calculer la note globale de satisfaction, qui est la somme de tous les poids des critères multipliée par la valeur du niveau de satisfaction qui lui est associé :

$$Note\ globale\ satisfaction = \sum niveau\ critère * poids\ critère$$

Pour interpréter la note globale de satisfaction, on établit des seuils de comparaison qui la borneront. L'intervalle entre 2 seuils correspond à une interprétation unique de cette note de satisfaction. Ceci dit, les règles d'interprétation ne se chevauchent pas.

La satisfaction de l'employé est composée de deux vues :

- Vue employé : Expression de la satisfaction formulée par l'employé.

- Vue responsable : Expression de la satisfaction que l'employé est supposé avoir selon son responsable.

b. Mesure de la satisfaction

La satisfaction est mesurable depuis un certain nombre d'éléments qui permettent l'évaluation de cette dernière. Ces éléments ou critères de satisfaction peuvent être à titre d'exemple :

- Le salaire : en concret les augmentations annuelles du salaire et les primes.

32

- La formation : qui consiste à développer la compétence des employés et les initier à de nouvelles technologies.

- Les technologies : la satisfaction par rapport aux outils de travail.

- Le niveau de responsabilité : ce point s'intéresse au rapport compétence/poste.

- L'activité du projet: à savoir la motivation de l'employé au sein du projet auquel il est affecté.

- L'environnement de travail : ou encore les relations entre les employés eux mêmes et ces derniers avec leurs responsables.

- ...

Ces explications sur la satisfaction nous ont donné une idée sur la formulation de l'interaction de l'acteur avec le système suivant les fonctionnalités spécifiées dans le cahier de charges. Ces interactions seront modélisées par des cas d'utilisation que l'on présentera dans le prochain chapitre.

3.3. Description des cas d'utilisation
a. **Vue Globale**

Le Schéma global qui décrit le fonctionnement de l'application et qui rassemble tous les cas d'utilisation est le suivant :

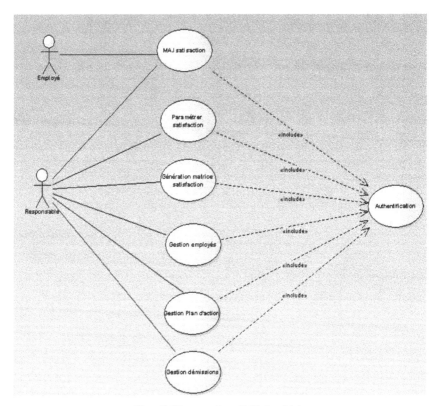

Figure 11: Diagramme de cas d'utilisation globale

b. Description détaillée des cas d'utilisation

Dans un souci d'allégement du contenu, nous nous limiterons à l'exposé d'une seule description en l'occurrence celle relative au cas d'utilisation « Gestion de la satisfaction ».

Les autres sont fournies en annexe I.

Nom du cas d'utilisation : Gestion de la satisfaction

Description textuelle du cas d'utilisation
    ↳ Résumé

Ce cas d'utilisation permet de saisir les informations sur la satisfaction des employés, selon les différents critères établis préalablement.

Ce cas d'utilisation peut être réalisé par 2 acteurs : l'employé et le responsable. Chacun met à jour la satisfaction correspondante à sa vue : vue employé (satisfaction par rapport à lui-même) et vue responsable (satisfaction du responsable vis-à-vis de l'employé).

✎ Gestion des versions du UC

Version projet	Rédaction		Modification	
	Nom	Date	Description	Référence de la FEL
0.3	AMMOR Ismaïl & FARES Houssameddine	23 mars 2009	Remplissage des UC	

Nom du cas d'utilisation	Mettre à jour la satisfaction
Acteurs	Responsable, employé
Contexte de déclenchement	Click sur la rubrique « mettre à jour satisfaction »
Pré-conditions	*Utilisateur connecté*
Post-conditions	*Affichage de la note globale de satisfaction*
Autres contraintes non fonctionnelles	*Le menu du responsable étale les 2 vues responsable et employé.*
Règles de gestion	**Note globale satisfaction = $\sum$ niveau critère * poids critère** **$\sum$poids = 100%**
Références croisées	Inclut l'authentification

Tableau 4: Cas d'utilisation « Gestion de la satisfaction »

Description des scénarii du cas d'utilisation

Nom du cas d'utilisation	Mettre à jour la satisfaction
Scénario nominal	**a.** *Si l'utilisateur est un employé* 1. *saisie des informations sur la satisfaction* 2. *Enregistrement des changements* 3. *Affichage de la note globale de satisfaction* **b.** *Si l'utilisateur est un responsable* 1. *choix de la vue* 2. *Saisie des informations sur la satisfaction* 3. *Enregistrement des changements*

	4. *Affichage de la note globale*
Scénario alternatif	*Affichage d'un message d'erreur et la nature de l'erreur (type, champ obligatoire...)* *Redirection vers la page précédente.*

Tableau 5: Description des scénarii de la gestion de satisfaction

4. Branche technique

Dans cette section, nous traitons les aspects relatifs au domaine technique de l'application. Nous commençons avec le modèle et l'architecture suivie, nous aborderons les choix technologiques adoptés ainsi que les contraintes techniques de développement et la particularité de réaliser l'application dans une approche de l'intégration continue.

4.1. Architecture J2EE & Modèle MVC

L'analyse complète des spécifications fonctionnelles auxquelles doit répondre l'outil SATIS, nous a permis de proposer une meilleure structuration de ses couches logicielles.

L'architecture J2EE munie du modèle MVC permet de séparer la couche présentation, correspondant à l'interface homme-machine (IHM), la couche métier contenant l'essentiel des traitements de données (en se basant dans la mesure du possible sur des API existantes), et enfin la couche de données correspondant aux informations de l'entreprise stockées dans des fichiers, dans des bases de données relationnelles ou XML, dans des annuaires d'entreprise ou encore dans des systèmes d'information complexes.

A l'aide de ce modèle, des applications légères peuvent interagir facilement avec le système d'information et les composants implantant la logique d'entreprise sur des serveurs d'applications.

Pour avoir une architecture robuste, modulable et évolutive, nous utilisons le principe de « couche », qui sépare les différents types de traitement de l'application.

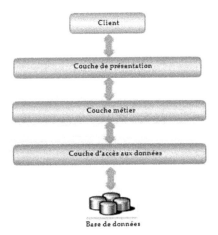

Figure 12: Architecture applicative de l'application

36

4.2. Choix technologiques

L'objectif de ce paragraphe est de présenter les différents Frameworks, proposés par l'organisme d'accueil, qui ont été mis à profit pour augmenter à la fois la productivité et la qualité du code réalisé.

Suivant le modèle MVC qui découpe l'application en 3 couches, et l'architecture J2EE qui opte pour une séparation de la présentation du contenu des accès. Pour ce faire, l'organisme d'accueil nous a proposé de travailler avec les outils Spring pour la couche métier, Hibernate pour l'accès aux données et OAF qui est un Framework d'Orange pour la partie présentation, vu qu'il respecte déjà la charte graphique voulue.

En récapitulation, le tableau suivant illustre les différentes technologies J2EE utilisées dans les différentes couches :

Couche	Technologie	
Présentation	OAF	OAF 2.0
Métier	Spring	Spring
Accès aux données	Hibernate	HIBERNATE

Tableau 6 : Couche & technologie

a. OAF: Orange Ajax Framework

Orange Ajax Framework (OAF) est un Framework développé par les équipes d'Orange, basé essentiellement sur la technologie Dojo d' AJAX, et qui est mieux adapté pour les besoins d'Orange, notamment la partie visuelle qui correspond à la charge graphique et l'iconographie suivie par cette dernière.

OAF est essentiellement constitué d'un ensemble étendu de bibliothèques Dojo destinées à la construction d'applications Web 2.0, en langage Javascript puisqu'il utilise Dojo.

Dojo est à son tour un Framework Javascript open source.Il permet le développement rapide et facile d'applications en Javascript côté client communiquant avec le serveur grâce à des requêtes AJAX.

Ce Framework d'Orange nous a permis d'une part de respecter les normes graphiques de la société ainsi que d'avoir des fonctionnalités riches et puissantes au sein de notre application. Nous essaierons de détailler les outils qui ont servi à développer la couche d'accès aux données   dans le paragraphe suivant, à savoir Hibernate.

b. Hibernate :

Travailler dans les deux univers que sont l'orienté objet et la base de données relationnelle peut être lourd et consommateur en temps. Hibernate se propose de joindre ces deux univers, à travers le mapping objet/relationnel. Le terme mapping objet/relationnel (ORM) décrit la technique consistant à faire le lien entre la représentation objet des données et sa représentation relationnelle, basé sur un schéma SQL.

Hibernate s'occupe du transfert des classes Java dans les tables de la base de données (et des types de données Java dans les types de données SQL). Il permet également de requêter les données et propose des moyens de les récupérer.

Mon application   Serveur de données

Figure 13: Schéma simplifié du fonctionnement d'Hibernate

Le prochain paragraphe traitera l'outil avec lequel la couche métier de l'application a été développée. Cet outil se nomme Spring.

c. Spring

Le Framework Spring est un conteneur léger, simple, extensible qui permet un réel découplage des couches grâce à son approche basée sur les notions d'inversion de contrôle et de programmation par aspect. Il permet de couvrir une bonne part des besoins techniques d'une application J2EE tels que la gestion de la navigation web, la persistance en base de données, la programmation orientée aspect ou encore les services web. Ces besoins sont pris en charge soit par des composants propres à Spring, soit par des composants externes Open Source.

La valeur ajoutée de Spring concerne la façon avec laquelle il permet l'intégration des différents composants (externes ou propres à l'application). Il assure en effet un découplage maximal en distinguant la déclaration des services appelés de l'identité même de ces composants. Ce mécanisme garantie une architecture applicative évolutive puisque les implémentations des composants peuvent évoluer indépendamment les unes des autres.

Nous avons présenté les choix technologiques avec lesquels notre application a pu être développée. La branche technique suivra avec la présentation d'une méthodologie de développement avec laquelle on était contraint à développer avec, vu que c'était une excellente démarche issue des principes de l'intégration continue et qui verse parfaitement dans ce contexte. Il s'agit de la démarche de développement régi par tests : Test Driven Development (TDD).

4.3. Méthode de développement : Test Driven Development

La stratégie de développement qu'on a adoptée a été le développement par test (TDD) afin de rester dans la même perspective de l'intégration continue, celle d'avoir un code fiable, testé et sans bugs.

Pour ce faire, la méthodologie suivie est de dégager les services métiers de l'application à partir des spécifications citées dans la branche fonctionnelle. Plus concrètement, il s'agit d'identifier les fonctionnalités souhaitées par l'application, tel que l'authentification, la gestion de la satisfaction, etc... , l'instancier comme un service qui va être nourri par des paramètres nécessaires, et de tester son comportement.

Le cycle TDD, se différenciant de la méthode traditionnelle de développement, commence par l'ajout d'un nouveau test vide et le compiler.

Nous constatons l'échec du test vide, qui est un résultat attendu. La prochaine phase sera d'implémenter du code source afin que le résultat du test unitaire soit un succès.

La prochaine étape sera de perfectionner le code, ou de le remanier. L'optimisation est de se passer des librairies de simulation, et de détecter les duplications de code.

Le cycle se finit par une vérification si le test aboutit toujours à un succès après remaniement du code. On répète la procédure avec un autre test jusqu'à avoir un taux de succès de test seuil auquel nous pouvons dire que notre code source est fiable et testé.

Donc pour récapituler le fonctionnement de la démarche Test Driven Development, nous proposons la figure ci-dessous qui illustre les différents passages pour avoir un module testé, fiable et opérationnel.

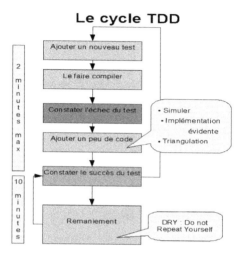

Figure 14: la démarche Test Driven Development

La présente section a permis de traiter les différents aspects techniques du projet, de l'architecture et modèle adopté, aux différents choix technologiques utilisés pour développer l'application pilote passant par la démarche suivie pour ce développement. Nous verrons dans la prochaine section la conception de cette application, qui consiste en la traduction des besoins de la branche fonctionnelle sous les choix et les contraintes techniques explicités dans la branche technique. Nous présenterons en premier le diagramme de classes qui modélise toutes les données utilisées, et ensuite présenter l'architecture logicielle proposée pour ce faire.

5. Architecture logicielle

Ce paragraphe nous permettra de voir la liaison entre les données modélisées depuis l'étude fonctionnelle dans le cadre de l'architecture proposée de l'application Satis. Ensuite nous présenterons le diagramme de classes de cette dernière.

5.1. Architecture de l'application

L'architecture de l'application SATIS que nous avons choisis se compose de trois modules :

 Module paramétrage : où il est question de :

- Des critères de satisfaction et leurs poids

- Des niveaux de satisfaction

- Des seuils de satisfaction.

39

✎ Module gestion de satisfaction des employés qui comporte :

- Le suivi de la satisfaction selon deux points de vue : « vue employé » et « vue responsable » et qui permettra l'actualisation de l'expression de satisfaction ainsi que l'élaboration des synthèses de satisfaction des employés.

- La gestion des informations relatives aux employés (ajout, modification, archivage, listage des employés).

✎ Module gestion des départs qui comporte :

- La gestion proprement dite des départs qui englobe les opérations de base (ajout, modification et listage) ainsi que l'élaboration de leur synthèse.

- La gestion de plan d'actions qui fournit une solution aux éventuelles démotivations ou risques de départ d'un ou plusieurs employés.

Parmi les sous modules que nous avons dégagés nous citons quelques-uns des plus importants :

✎ Gestion des employés :la gestion des employés permet de :

- Importer et exporter les informations des employés.

- Ajouter, modifier et archiver des employés.

- Les informations essentielles concernant un employé sont présentées par : le nom prénom, le poste ou la fonction, la date d'entrée à Sofrecom, le nombre d'années d'expérience avant Sofrecom, etc.

✎ Paramétrage des critères de satisfaction :

- Les critères de la satisfaction sont les éléments de la motivation des employés comme le salaire, la formation, le niveau de responsabilité, etc. La gestion de ces critères doit permettre l'ajout, la modification et la suppression d'un critère.

- Pour chaque critère on attribut un poids qui reflète son importance, et la somme des estimations de ces poids doit être égale à 100%.

✎ Paramétrage du niveau de la satisfaction :

- Cette fonction permet de paramétrer le niveau de satisfaction des critères. Pour chaque critère, l'utilisateur choisit un niveau de satisfaction sous forme d'une valeur liée à une description.

- Ce paramétrage se réalise par l'ajout, la modification et la suppression d'un niveau.

✎ Mise à jour du niveau de la satisfaction de l'employé par critère

La satisfaction d'un employé s'exprime selon deux vues :

- Vue employé

- Vue responsable

La « vue employé » permet à ce dernier d'exprimer sa satisfaction personnelle, alors que la « vue responsable » concerne la satisfaction que l'employé est supposé avoir selon son responsable. D'une façon périodique, l'application permet la mise à jour des deux vues.

✎ Paramétrage des seuils de la satisfaction :

Afin d'interpréter d'une façon correcte la note globale de satisfaction (la somme de tous les poids des critères multipliés par la valeur du niveau de satisfaction qui lui est associé), on est amené à :

- Définir des seuils : chaque seuil comportera une règle et une interprétation.
- S'assurer qu'il n'y ait pas de chevauchement entre les différentes règles.

✅ Synthèse de la satisfaction des employés:

La synthèse de la satisfaction est illustrée par une matrice affichant le niveau de chaque critère de satisfaction des employés, groupés par projet, par unité de production et par pôle ou direction.

✅ Avancement temporel de l'expression de la satisfaction :

Sous forme d'un diagramme ou d'un graphique, l'outil doit permettre d'afficher l'avancement de la satisfaction de chaque employé en fonction du critère retenu et par rapport à la note globale.

✅ Suivi des départs :

On distingue deux types de départs, définitif ou rattrapé. En plus des opérations de base (ajout et modification), la mise en place d'une matrice de départ s'avère nécessaire pour permettre une meilleure visibilité sur les motifs de départ des employés.

✅ Plan d'action :

Il doit être établi pour apporter des solutions au départ et à la démotivation des employés. Chaque plan d'action comportera plusieurs informations à savoir : numéro, direction, projet, date, etc.

En guise de récapitulation, la figure suivante présente l'architecture logicielle de l'application décrite ci-dessus.

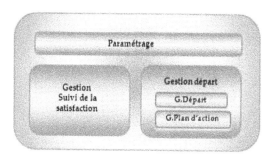

Figure 15: Architecture logicielle de l'application SATIS

5.2. Diagramme de classe

Les packages de notre applications explicités dans l'architecture de l'application qui sont la gestion d'employés, de satisfaction, de critères et des plans d'action, en ajout au paramétrage, ont permis la modélisation des données suivant le diagramme de classes ci-dessous :

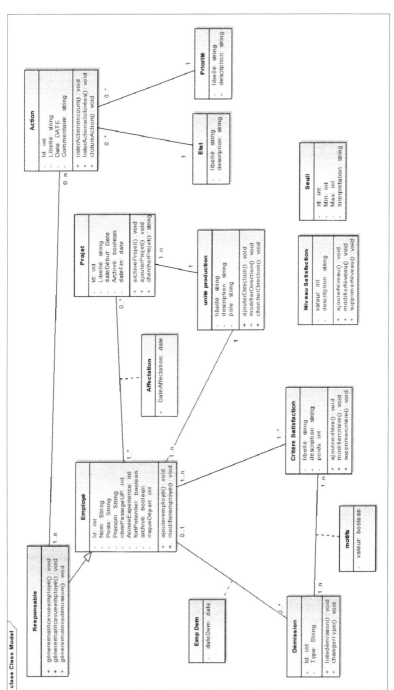

Figure 16: diagramme de classes de l'application SATIS

42

Cette conception de l'application pilote SATIS, basée sur la traduction des besoins fonctionnels, fut mise en œuvre sous les choix et les contraintes techniques adoptés. De ce fait, nous discutons dans la section suivante les différents aspects de cette réalisation, où nous présentons quelques captures d'écran de notre application construite.

6. Branche réalisation

Dans ce paragraphe nous présentons quelques captures d'écran du projet pilote au sein de la plateforme d'intégration continue. Nous passons en revue aussi les différents aspects de qualité de ce projet et les résultats des rapports de tests sur ce dernier. Et nous finissons par introduire quelques écrans de l'application développée.

6.1. L'application Satis au sein de la plateforme.
La capture d'écran qui suit montre l'interface de notre projet pilote nommé SATIS-SSM au sein de notre plateforme Hudson.

Figure 17/ Tableau de bord de SATIS au sein de la plateforme Hudson

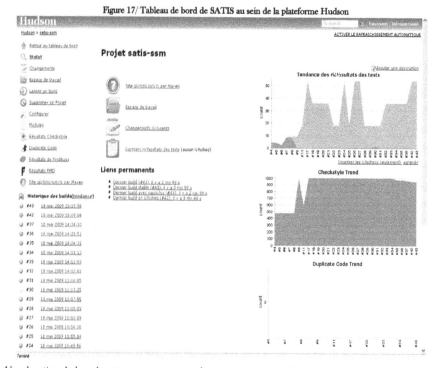

L'exploration de la présente page montre que dans son corps nous disposons de différentes informations sur le projet telles que l'espace de travail ou les derniers changements effectués. Nous disposons également d'un lien vers l'application construite.

Dans la partie droite nous avons un tableau de bord des différents outils de qualité de code que l'on a intégré dans la plateforme, à savoir les tests unitaires via Junit , les rapports de Checkstyle , PMD , Findbugs et DRY.

Les graphes générés dans ce tableau de bord illustrent parfaitement le cycle de développement en tests : TDD. Afin de le montrer, nous prendrons à titre d'exemple le graphe de tendance des tests unitaires à travers les différents builds de l'application SATIS.

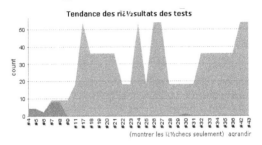

Figure 18: Graphe des résultats des tests unitaires sur SATIS

Le présent graphe montre la tendance des résultats des tests unitaires. Au début du développement et conformément au cycle TDD, la partie rouge indique la phase l'écriture des tests vides et leurs compilations. Ensuite la tendance s'est changée en bleu indiquant l'implémentation de code source qui implique le succès des tests. La suite des performances sera variante dans les phases de remaniement de code pour avoir, après un certain nombre de tests, un code performant, testé et fiable.

La performance du code est également liée au taux de couverture de tests de ce dernier. Plus les lignes de codes sont couvertes par les tests moins le code est disposé à contenir des bugs. Ainsi la figure suivante montre le rapport de couverture de code réalisé par le plugin Cobertura.

Coverage Report - model

Package	# Classes	Line Coverage		Branch Coverage		Complexity
model	11	75%	222/295	82%	23/28	1,683

Classes in this Package	Line Coverage		Branch Coverage		Complexity
AbstractEmploye	100%	8/8	N/A	N/A	1
AbstractEmployeId	100%	51/51	100%	18/18	1
AbstractUser	100%	20/20	N/A	N/A	1
BaseHibernateDAO	100%	2/2	N/A	N/A	1
Employe	100%	4/4	N/A	N/A	1
EmployeDAO	77%	46/60	N/A	N/A	3,667
EmployeId	100%	4/4	N/A	N/A	1
HibernateSessionFactory	38%	14/37	50%	5/10	0
IBaseHibernateDAO	N/A	N/A	N/A	N/A	1
User	100%	4/4	N/A	N/A	1
UserDAO	66%	69/105	N/A	N/A	3,083

Report generated by Cobertura 1.9 on 16/05/09 15:16.

Figure 19 : Rapport de taux de couverture de SATIS par Cobertura

Cette figure montre le taux de couverture de code d'un des packages de l'application. Le tableau de bord indique les lignes effectivement testées dans chacune des classes de ce package ainsi qu'un pourcentage global de la couverture du test du package.

L'optimisation du code dans la phase de remaniement consiste en l'amélioration de ce pourcentage via l'écriture d'autres tests qui engloberont les lignes du code non testées. Cette amélioration permet de juger que le code source est, à partir d'une certaine valeur, performant et testé.

Nous avons vu dans ce paragraphe quelques aspects du projet développé au sein de la plateforme d'intégration continue. Nous verrons par la suite quelques interfaces de cette application où nous commenterons quelques captures d'écran.

6.2. Interfaces de l'application SATIS

L'application développée par les frameworks Spring , Hibernate et OAF a eu comme prototype d'accueil la page suivante :

Figure 20: interface d'accueil de l'application SATIS

La navigation est facilitée par un plan du site en bas sous forme d'arbre, et en haut par une barre de menu. On trouve aussi un accordéon dans le menu de l'application.

D'autre part, les pages appelées déclenchent la création d'un nouvel onglet comme pour un navigateur, fermable, permettant ainsi de garder un historique des pages ouvertes.

Figure 21: Navigation par onglets

La connexion à l'application se fait à partir du bouton Connexion qui déclenche un Pop-up d'identification. L'accès aux données de la page est verrouillé jusqu'à fermeture de ce pop-up d'identification.

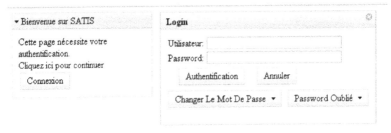

Figure 22: Pop-up d'authentification

Après l'authentification, et dans la partie dynamique de l'application, les informations issues des bases de données sont affichées sous la forme des listes dynamiques permettant le tri sur les colonnes que l'on appelle des DataGrids. Dans la capture d'écran suivante, nous avons l'exemple de la gestion d'employés qui présente la liste employée suivant une DataGrid :

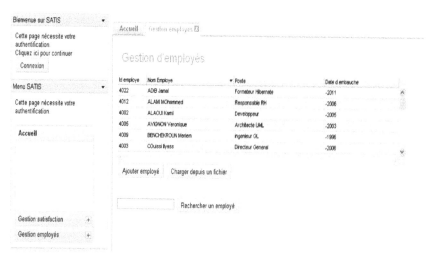

Figure 23: DataGrid des employés

En récapitulation, cette section nous a permis de donner un bref aperçu sur notre seconde partie du projet qui était de développer un outil de satisfaction RH appelé SATIS , sous les contraintes de l'intégration continue. Nous avons pu aborder tous les aspects du projet, du fonctionnel au technique, et de la conception à la réalisation. Ce projet pilote servira de référence de développement de projets logiciels sous notre solution d'intégration continue, dans le cadre d'une stratégie de développement plus performante et plus ambitieuse.

VI- Conclusion et perspectives

Au terme de ce rapport nous rappelons que notre travail a été fait au profit de Sofrecom Services Maroc, et s'inscrit dans le cadre d'un projet d'uniformisation des procédures de fabrication de logiciels. Ainsi, nous avons mis en œuvre une plateforme d'intégration continue et nous avons réalisé une application pilote sous cette plateforme, qui servira de référence de projets développés suivant l'approche de l'intégration continue.

La mise en place d'une plateforme d'intégration continue permet principalement d'uniformiser les différentes procédures de fabrication de logiciel, du codage à la compilation aux tests et finalement au déploiement.

Concrètement il s'agit d'un assemblage de plusieurs outils qui se complètent. Nous avons donc tout d'abord procédé à une identification des différents composants de plateforme, puis à une étude comparative des différents outils potentiels pour chaque composant. L'étude bibliographique sur chacun des outils comparés a permis de le juger selon un ensemble de critères issus des besoins de l'entreprise. Le résultat fut un ensemble d'outils que nous avons assemblés pour construire une plateforme optimale pour les besoins de l'entreprise.

La suite de notre projet a été de s'appuyer sur cette plateforme pour le développement d'un projet pilote sous les bonnes pratiques de l'intégration continue, qui sera une référence pour tous les projets à développer suivant cette approche.

Notre application pilote a consisté en un outil de suivi de satisfaction des employés de l'entreprise. Pour mener à bien cette partie, nous avons procédé parallèlement à une analyse des besoins fonctionnels et une étude des aspects techniques suivant le cycle de vie en Y.

Nous avons également adopté une nouvelle technique de développement, à savoir la démarche Test Driven Development (TDD), qui consiste à implémenter les tests en premier lieu pour parvenir à l'application après. Le choix de cette démarche a été adopté afin de rester dans les mêmes principes de l'intégration continue et pour assurer un suivi de ce développement par la plateforme mise en œuvre dans le premier volet.

Nous avons eu l'occasion lors de notre projet de coopérer avec des collègues du département informatique également en stage de fin d'étude, leur projet consistait en l'élaboration d'une application sous un environnement JavaBeans, qu'on a assisté à sa mise en place sous la plateforme d'intégration continue. Ces deux projets pourront être le début d'une adoption du développement sous la plateforme pour être généralisé sur tous les projets Sofrecom.

Cette coopération, nous a permis d'approcher les contraintes liées à la refonte d'une approche de développement suivant les bonnes pratiques de l'intégration continue, au sein d'une entreprise. Pour le cas de Sofrecom Services Maroc, nous guettons l'introduction des autres projets logiciels dans l'environnement de la plateforme que nous avons mise en place. En effet, ceci nous permettra d'estimer la phase d'expérimentation pour l'adoption de cette plateforme. De ce fait, les perspectives de cette dernière seront :

- ⚘ A court terme : appointer une équipe de suivi des projets pilotes développés afin d'en comprendre les principes et améliorer, au besoin, leur implémentation.

- ⚘ A moyen terme : tenter d'adapter voire d'étendre tous les projets développés sous cette plateforme et cerner tous les métriques de qualité des livrables en se basant sur des références des indicateurs de qualité logicielle.

- ⚘ A Long terme : Adopter la plateforme d'intégration continue pour tous les projets logiciels de l'entreprise. Une extension des activités de la plateforme à travers son intégration à d'autres outils de suivis de bugs ou d'autres plateformes de développement est également envisageable.

Nous disposons également de perspectives concernant l'application développée qui consiste en la gestion de la satisfaction du personnel. La vision à moyen terme est d'étendre la gestion en créant de nouveaux modules RH, comme la gestion de compétences ou la gestion de recrutements afin d'avoir à long terme une plateforme qui gèrera et prendra en charge tout le département des Ressources Humaines.